真红利

一本书讲透AI时代的风口

秋叶◎著

清华大学出版社
北京

内 容 简 介

本书主要让你认识 AI，理解 AI，知道如何拥抱 AI。作者不说专业名词，尽说大白话。本书通俗易懂，助你把握真红利。

本书适合想拥抱 AI 的人阅读。

本书封面贴有清华大学出版社防伪标签，无标签者不得销售。

版权所有，侵权必究。举报：010-62782989，beiqinquan@tup.tsinghua.edu.cn。

图书在版编目（CIP）数据

真红利：一本书讲透 AI 时代的风口 / 秋叶著．
北京：清华大学出版社，2025.3.
ISBN 978-7-302-68411-4

Ⅰ.F272.7

中国国家版本馆 CIP 数据核字第 2025RD2773 号

责任编辑：刘　洋
装帧设计：方加青
责任校对：宋玉莲
责任印制：杨　艳

出版发行：清华大学出版社
　　网　　址：https://www.tup.com.cn，https://www.wqxuetang.com
　　地　　址：北京清华大学学研大厦 A 座　　邮　　编：100084
　　社　总　机：010-83470000　　邮　　购：010-62786544
　　投稿与读者服务：010-62776969，c-service@tup.tsinghua.edu.cn
　　质　量　反　馈：010-62772015，zhiliang@tup.tsinghua.edu.cn
印　装　者：涿州汇美亿浓印刷有限公司
经　　销：全国新华书店
开　　本：148mm×210mm　　印　张：5.5　　字　数：133 千字
版　　次：2025 年 3 月第 1 版　　印　次：2025 年 3 月第 1 次印刷
定　　价：49.00 元

产品编号：111923-01

2025 年，AI 加速爆发的一年

2023 年初，所有人都在讨论 AI，生怕被时代抛弃。

2024 年，少数人拥抱，多数人观望。

2025 年，DeepSeek 横空出世，AI 培训需求突然爆发。

AI 到底怎么给企业赋能，帮个人创收，大家的感觉是雾里看花。

秋叶自 2023 年初开始执行 ALL IN AI 战略，从不曾犹豫。

2023 年 3 月，推出 AI 在线训练营，累积付费学员破万；

2023 年 6 月，出版"秒懂 AI"系列图书，销量超 20 万册；

2023 年 9 月，主打政企高校线下 AIGC 培训，至今累计超 1000 场，每个月超过 100 场培训；

2023 年 12 月，秋叶写书私房课，完成 AI+ 写书升级，极大提高写书效率；

2024 年 3 月，陆续成为阿里云、百度飞桨、360ISC 学院等上百家企业 AIGC 应用培训生态合作伙伴；

2024 年 7 月，推出自研 AI 文案写作平台，开发出 AI 鼠标硬件，销售量过万；

2024 年 10 月，推出 AIGC 高校通识课程解决方案，形成图书、网课、线上直播、线下实训方案一体化解决能力；

2024 年 12 月，秋叶推出云机房，解决 AIGC 落地算力的"最后一公里"问题；

2025 年 1 月，秋叶全面拥抱 DeepSeek，全线产品 2 月完成接入 DeepSeek 的升级。

2025 年 3 月，秋叶针对高校、中小学、中小企业分别推出自己的 AI 应用解决方案，寻求长期合作伙伴一起发力。

2 年时间，我每天都在阅读关于 AI 的最新动态和信息，拜访和接触不同的 AI 解决方案供应商，了解企业应用最新进展；秋叶也从一家培训公司，变成了一家有科技基因的教育科技公司。

接触了上千家企业后，我感觉量变正在形成质变，在大部分人争论和观望时，少数先行者已经跑出了自己的模式。

2025 年，越来越多的人会成为 AI 的重度用户，越来越多企业真正实现了用 AI 完成业务赋能，榜样的力量是无穷的。

时机成熟了，我应该把这几年关于 AI 的思考都分享出来，帮助大家理解当下时代最大的风口。

毕竟 AI 是真红利，会改变很多人的人生，帮企业创造巨大的财富。

关注微信公众号"秋叶 AI 知识星球"，输入关键词"真红利"，即可领取本书配套 PPT。

这是一本适合短视频时代阅读的书

短视频时代,每个人对阅读都更缺乏耐心了;

我必须争取做到,每一页在一分钟内就可以看完;

看完你能想一想,甚至笑一笑,就很好。

我决定把每页内容都当短视频写,而且要更短,更有穿透力。我想这也许是新时代的读者更需要的写法。

如果做不到,我不出版;

现在这本书,你拿到了。

目录
CONTENTS

第 1 章 普通人的 AI 红利：每个人都是六边形战士

01 未来属于拥抱人工智能的人 / 002 /
02 掌握一样技能，只需要 3 分钟 / 003 /
03 抓住 AI 红利，先要成为一个聪明人 / 004 /
04 AI 时代，聪明人最重要的三种能力 / 005 /
05 养成一个新习惯：遇事不决问 AI / 006 /
06 与其欠人情，不如问 AI / 007 /
07 不是搜索，是 AI 搜索 / 008 /
08 不要再问 AI 够不够聪明啦 / 009 /
09 AI 用"错"了，AI 真的会变笨 / 010 /
10 尽信 AI 不如无 AI / 011 /
11 拥抱 AI 的正确方式是学会提问 / 012 /
12 一个万能的 AI 提问公式 / 013 /
13 AI 是遇强则强，遇弱则弱 / 014 /
14 学会追问，让 AI 给你惊喜 / 015 /
15 不是 AI 不行，是你的语文不行 / 016 /
16 复杂的问题，要拆成几个问题去问 AI / 017 /

17	解锁 AI 的四种身份	/018/
18	不是人人都会提问,但是人人都喜欢模板	/019/
19	养成 3 个新的习惯,AI 会越来越好用	/020/
20	警惕 AI 的假、大、空	/021/
21	向围棋国手学和 AI 相处之道	/022/
22	AI 时代,人要交智商税	/023/
23	AI 越来越聪明,将来会影响哪些工作	/024/
24	AI 人工智能的爆发,会淘汰哪些职业	/025/
25	AI 时代哪些工作更适合人类	/026/
26	不要担心 AI 马上会替代人的工作	/027/
27	让 AI 独立做出 PPT,很难	/028/
28	AI 最终会取代人吗	/029/

第 2 章 AI 时代的学习高手：掌握与 AI 对话的能力

01	哪家的大模型更好用	/032/
02	拥抱 AI 最好的方法,就是马上就用	/033/
03	AI 时代的学习高手：拜 AI 为师	/034/
04	不用死记硬背,也能马上就会	/035/
05	所有经典的思考框架,都是优质提示词	/036/
06	AI 是不会发脾气的最佳小助手	/037/
07	被颠覆了！有了 AI,就算没看懂,也可以马上去用	/038/

08	把你看过的干货,都变成 AI 提示词	/039/
09	请忘掉那些过时的学习方法	/040/
10	学习新思维:选择"信息—行动比"高的书去读	/041/
11	阅后即焚,才是正解	/042/
12	挖矿式阅读法:就该一目十行	/043/
13	让 AI 精准定位关键内容,解放你的双眼	/044/
14	看到好文章,马上让 AI 拆解和仿写	/045/
15	要告诉 AI,请说人话	/046/
16	一天读完一本书,真的太慢了,试试 AI 速读法	/047/
17	7 组提示语,让 AI 帮你提炼一本干货书的精华	/048/
18	真正的知识管理:让 AI 读一遍你的云笔记	/049/
19	书读不进去?试试 AI 交互式读书法	/050/
20	无法解决的难题,试试 AI 帮你思考	/051/
21	如何拥有一个完美的 AI 助手	/052/
22	AI 会让人形成依赖性吗	/053/
23	逃离"信息茧房",有一个绝招	/054/
24	一定要读点难的书	/055/
25	让 AI 帮你构建与完善知识体系	/056/
26	用好 AI,再也不用担心学习输出	/057/
27	真学霸,比的是快速把知识变成生产力	/058/

28	人机协同,是未来所有人的标配工作模式	/ 059 /
29	让 AI 把你的核心能力放大 100 倍	/ 060 /
30	人类如何在 AI 时代学习	/ 061 /
31	AI 时代的教育,是真正的快乐教育	/ 062 /

第 3 章 智能时代的成功企业:从 AI 工作台到一人公司

01	AI 红利,到底会持续多久	/ 064 /
02	不拥抱 AI 的企业,没有加速度	/ 065 /
03	没有预算,不是拒绝 AI 的理由	/ 066 /
04	拥抱 AI,必须是老板先用	/ 067 /
05	重视 AI 的老板,有三个特征	/ 068 /
06	所有的行业,都值得用 AI 重做一遍	/ 069 /
07	AI 对标的不是手机,而是计算机	/ 070 /
08	转型,从全员培训 AI 开始	/ 071 /
09	谁是公司最会用 AI 的那个人	/ 072 /
10	从一人榜样到群体进化	/ 073 /
11	不是取代人,而是让员工创造更大的价值	/ 074 /
12	全员推广 AI,我们有三招,很管用	/ 075 /
13	抓住一个痛点,解决一个问题	/ 076 /
14	职场人需要的不是 AI,而是 AI 模板	/ 077 /
15	不是 100 个模板,是 1000 个	/ 078 /
16	优质提示词是企业的知识资产	/ 079 /

17	每个企业都需要一个 AI 工作台	/ 080 /
18	什么是 AI 工作台	/ 081 /
19	先解决小任务，再用 AI 挑战完整的工作	/ 082 /
20	如何把工作分解成 AI 能搞定的小任务	/ 083 /
21	看看你的工作堵点在哪里	/ 084 /
22	野心大一点，试试用 AI 把工作全部做了	/ 085 /
23	从 AI 提示词到 AI 智能体	/ 086 /
24	为什么需要 AI 智能体	/ 087 /
25	不是自动化，而是训练智能体	/ 088 /
26	每个人都需要 100 个 AI 智能体	/ 089 /
27	把 AI 智能体串联成完整的 AI 工作流	/ 090 /
28	AI 会的工作多了，不就可以做数字员工了吗	/ 091 /
29	英伟达的 1 亿数字员工，意味着什么	/ 092 /
30	AI 在线客服，最适合用数字员工	/ 093 /
31	一个人就能管理 2000 个短视频账号	/ 094 /
32	请给 AI 预训练的时间	/ 095 /
33	不是不养人，而是要养 AI 训练师	/ 096 /
34	做未来企业最需要的人才：数字员工训练师	/ 097 /
35	一人公司，企业的未来	/ 098 /
36	成为学习型组织：来自生物界的灵感群体进化	/ 099 /

第 4 章　AI 物联网：未来的超级物种

01　AI 带来三大红利，你在哪一层　　/ 102 /

02　未来的 AI 巨头：算力物联网企业　　/ 103 /

03　市值 3 万亿美元的英伟达，或许不是终点　　/ 104 /

04　物联网的最大入口，是智能硬件　　/ 105 /

05　灵感打开——好玩的"AI+"场景
　　比你想象中更多　　/ 106 /

06　你产生的灵感，对手会不会是手机　　/ 107 /

07　能卖 7 万元的 AI 娃娃，凭什么能卖这么贵　　/ 108 /

08　要有可爱感，就是最受欢迎的 AI 挂件　　/ 109 /

09　赛博时代的电子宠物　　/ 110 /

10　如何让普通的产品，变成情感宠物　　/ 111 /

11　魔镜，魔镜，请你告诉我，谁最漂亮　　/ 112 /

12　还有哪些硬件可能是未来的超级入口　　/ 113 /

13　帮老人留住记忆的 AI 时钟　　/ 114 /

14　AI+ 创意，赋予硬件无限可能　　/ 115 /

15　每家企业都要考虑做智能硬件　　/ 116 /

16　智能硬件就是今天的口红经济　　/ 117 /

17　中国人不买软件，但愿意为硬件付费　　/ 118 /

18　围绕你的主业，思考你的智能硬件形态　　/ 119 /

19　构思智能硬件产品的关键词：拟人　　/ 120 /

20　给 AI 硬件加上个人 IP 的赋能　　/ 121 /

21	做一个 AI 职场暖宝宝秋叶大叔	/ 122 /
22	AI 时代的知识付费产品是什么	/ 123 /
23	数字人：放大老板的个人 IP	/ 124 /
24	为什么你不愿意用数字人	/ 125 /
25	为什么很多人的数字人效果不好	/ 126 /
26	一个数字人远远不够，老板	/ 127 /
27	数字人 +AI 智能体 = 你的虚拟数字分身	/ 128 /
28	让你的数字分身嵌入物联网	/ 129 /
29	你的数字分身版权，也许很值钱	/ 130 /
30	超级 IP，超级爆款 AI 硬件	/ 131 /
31	打造 AI 智能硬件，缺的是人才	/ 132 /
32	我们需要 100 个 AI 硬件创意孵化实验室	/ 133 /
33	每个企业都需要一个首席智能官	/ 134 /
34	国际化：会说 200 种语言的 AI 数字人	/ 135 /
35	我很小，但我可以做全世界最赚钱的企业	/ 136 /
36	高增长的红利，不是公司大，而是数据多	/ 137 /
37	你的数据很值钱，但还不是资产	/ 138 /
38	老板新思维：把数据变成资产	/ 139 /
39	一人公司 = 超级个体 +AI 数字员工 + 数据资产 + 生态闭环	/ 140 /

第 5 章 AI 的商业思考：哪里有真红利？

01	为什么 OpenAI 先突围	/ 142 /
02	我们可以大力出奇迹吗	/ 143 /
03	找对细分赛道，就能出爆款	/ 144 /
04	小心 AI 生成的虚假信息	/ 145 /
05	AI 安全，未来的大赛道	/ 146 /
06	AI 软件要出海，AI 硬件卖服务	/ 147 /
07	未来万亿赛道，是智能硬件	/ 148 /
08	互联网大厂的投资热情，也在智能硬件	/ 149 /
09	AI 智能硬件，会诞生新的独角兽	/ 150 /
10	智能硬件，是物联网算力入口	/ 151 /
11	智能硬件 + 产业，赋能传统产业	/ 152 /
12	AI 时代，普通人也能把握的三种红利	/ 153 /
13	掌握 AI 自动编程，你也有机会创造百万营收应用	/ 154 /
14	AI+ 知识管理，新的共享模式	/ 155 /
15	人人掌握 AI 自动编程，解放无穷生产力	/ 156 /
16	AI 时代，最大的红利到底是什么	/ 157 /

后记　关于 AI 进化的一些畅想　　　　　　　　　　/ 158 /

第 1 章

普通人的 AI 红利：
每个人都是六边形战士

> AI 的红利是属于每一个人的，
> 但前提是你要主动拥抱它！

01 未来属于拥抱人工智能的人

2022 年 11 月 30 日，是值得铭记的一天。

这一天美国 OpenAI 发布的 ChatGPT 版本，震惊世界。

第一款能和所有人对话，让你看不出任何问题，甚至比你身边随便一个朋友都回答得好的软件出现了。

从这一天开始，一句话开始流行。

你不需要跑赢 AI，你只需要跑过不用 AI 的人就行。

欢迎来到人工智能时代，未来已来。

掌握一样技能，只需要3分钟

为什么 AI 的出现，让人震惊？

因为过去你做得到、做不到的事情，它全能帮你搞定！

有人问什么是 AIGC？就是 AI 帮你生成你需要的内容。

你不会写的文档，它能撰写。

你不会做的海报，它能设计。

你不会编的音乐，它能谱曲。

你不会剪的视频，它能生成。

甚至职场人最讨厌的 PPT，它一分钟能给你做 30 页。

做到所有这一切，只需要对 AI 说：我需要你帮我做一件事。

有了这个万能的小助理，职场上人人都可以是六边形战士（六边形战士指拥有多种技能的人）。

抓住 AI 红利，先要成为一个聪明人

先别关心英伟达、特斯拉、苹果或其他大品牌的话题。

先要让自己成为一个聪明人。

印刷术、电力、铁路、航空、计算机、互联网……所有的科技进步，一开始都被认为能普惠人类，后来发现技术只能让一部分人抓住红利实现阶层跃迁。

所谓新富战胜老钱的故事，往往是行动力更强的人抓住了机会，AI 的红利，也是属于行动力更强的聪明人。

AI 时代，聪明人最重要的三种能力

AI 时代的聪明人，要有三种能力。

和自己对话的能力，让自己内心平静。

找到目标坚定地去做，不犹豫，不躺平，不内卷。

和他人对话的能力，让自己获得支持。

让自己的事业得到更多人的认同和帮助，才能加速发展。

和 AI 对话的能力，让自己能量放大。

让全世界最聪明的"大脑"成为你的智囊，你将被超级人工智能赋能，被带着一起快速进化，成为人机协同工作的新物种。

05 养成一个新习惯：遇事不决问 AI

以后不要说"我去找个人"，而要说"我试试问 AI"。

例如，不要再到处问人："这个事我应该怎样做？"

所有你解决不了的问题，你先问 AI。

与其欠人情，不如问 AI

很多人不是学不会用 AI，而是改变不了过去的习惯。

我能相信 AI 吗？它可靠吗？

总觉得问个人，更可靠些。

可现在信得过的人，难找啊。

送大家三句话：

与其欠人情，不如问 AI；

与其折磨自己，不如折磨 AI；

与其做乙方，不如做 AI 的甲方。

不是搜索，是 AI 搜索

现在大家越来越不喜欢用搜索了。

广告太多了，搜出来的全是广告；看到不像广告的，点进去还是软文。

找到一条有用的信息，花费的时间越来越长。

如果一个搜索服务并不能帮你省时间，它一定是做错了。

这就给 AI 搜索机会了，不需要你检索、查找、阅读、整合信息，直接给你答案。

发现这一点的用户，当然不用搜索了。

不要再问 AI 够不够聪明啦

可是我问 AI 搜索，AI 回答的质量一点都不好啊。

别人说 AI 不够聪明，是因为 AI 要解决的问题，足够难。

普通人，哼，就没有机会做难题，只会遇到难题。

你的问题，如果 AI 答得不好，很可能说明你提问的方式不对。

比如不要问：年终总结 PPT 应该怎样做？

我会这样问：你是一个 PPT 演示高手，我要给部门领导做一份年终总结 PPT，我今年的业绩完成得不太好，我应该如何汇报，可以突出我的苦劳，表达出我为明年布局打好了工作基础、培养了团队能力，从而让领导继续给我机会？请帮我拟一份提纲，只能写 10 页，汇报时间是 10 分钟。

你把这段话复制过去问 AI，看看它写的内容是否能让你满意。

09 AI 用"错"了，AI 真的会变笨

有人发现，AI 似乎没有刚出来的时候聪明了。

非常合理啊，最早使用 AI 的人，很可能是我们人群中最聪明的一帮人。

和聪明人对话，AI 的智能水平自然也水涨船高。

AI 越来越普及了，大家开始天天用 AI，真相会不会是：

人类每天的对话 = 投喂 AI 低质量的语料？

你说 AI 会不会变笨？

怪不得有句话说：人类一思考，上帝就发笑。

尽信 AI 不如无 AI

世界顶级咨询公司波士顿咨询集团安排 800 名顾问做了一个实验，一半人用传统方式工作，而另一半必须用 GPT-4 工作。

你猜哪组完成得更好？

经过严格审核，一致认为是使用人工智能的那组。

这不是很好吗？

波士顿咨询集团又设计了一项人工智能确实难以得出正确答案的复杂任务，结果是没有人工智能帮助的人类顾问正确率为 84%，使用人工智能的顾问，正确率反而下降到 60%～70%。

过于依赖人工智能，就像趴在无人驾驶汽车方向盘上睡觉的司机。

因为 AI 太强大，人类给予了 AI 太多信任，一旦问题超出 AI 的能力，就可能铸成大错。

拥抱 AI 的正确方式是学会提问

要学会对 AI 提出正确的问题。

送你五个向 AI 提问的建议：

（1）不要提笼统的问题，要提带细节的问题；

（2）不要提含糊不清的问题，要提明确指令要求的问题；

（3）不要指望一次就说清楚问题，要一步步引导 AI 理解你的要求；

（4）不要指望 AI 搞定一切，有时候需要你先教它怎样做，然后它才能做得更好；

（5）不要想着一次提问就解决问题，有时候需要换个方式再问，你会发现结果更好。

一个万能的 AI 提问公式

万能的 AI 提问公式：角色＋任务＋要求＋背景

角色：赋予 AI 一个身份，要强调这个身份所擅长的能力。

任务：向 AI 明确提出要完成的工作目标。

要求：给出具体的、清晰的、结构化的、易于理解的要求。

背景：向 AI 提供真实信息，避免胡乱发散、信马由缰。

想问的问题，用这个万能公式一拆解，其实很简单。

角色：你是一个_____高手。

任务：我要做_____工作。

要求：1……；2……；3……；4……

背景：这是相关的文档资料 1……；2……；3……；4……

AI 是遇强则强，遇弱则弱

真正的提问高手，他会怎样问 AI？

他会说：我要给部门领导做一份年终总结，请帮我拟一份提纲，需要用 SCQA（情境—冲突—问题—答案）结构来写。

你会发现，AI 的回答质量又提升了一个台阶。

如果你把 SCQA 结构换成其他的框架，比如 FAB［Feature（特征）-Advantage（优势）-Benefit（利益）］，答案马上又不一样。

芒格说，成年人的工具箱里，不能只有一把锤子。

现在的问题是，你有几把锤子？

学会追问，让 AI 给你惊喜

越是复杂的问题，越不可能通过一次提问就得到一个好答案。

如果遇到困难，不如先试着问问 AI：我有一个苦恼，你建议我怎么做？

比如可以先问：你是一个汇报高手，我今年的业绩完成得不太好，做了很多琐碎的工作，马上要做工作汇报了，我想通过汇报让领导再给我一次机会，你建议我用怎样的逻辑汇报？有什么好的结构化表达方法可以参考吗？帮我列 4 个试试？

如果你不满意，你还可以追问：非常好，帮我再列 4 个试试？

好了，你现在已经是拿着 8 种结构化汇报思路的大神了。

现在选择一种你喜欢的结构，让 AI 替你写汇报材料吧！

15 不是 AI 不行,是你的语文不行

很多人作文写得不好,词不达意。

比如,你想让 AI 帮你画一幅画。

普通人说:我要一幅庆祝蛇年春节的海报。

这是一个缺乏细节的要求,AI 面对你这样的甲方,只能猜猜猜,像极了那些无奈的乙方设计师们。

会用 AI 的人说:我要一幅充满节日氛围的蛇年春节海报,红色底色,传统杨柳青插画风格,要有现代生活的细节元素,有"福"字,能深深吸引观众的注意力。

这样,AI 画出来的作品,会更接近你的想法。

很多时候,不是 AI 不行,是你的语文不行。

复杂的问题，要拆成几个问题去问 AI

我最怕网友问我：你觉得我应该做什么才能赚钱？

问题越宏大，越不好回答。

不要一下子抛出一个大问题，把 AI 的 CPU 也干烧了。

把一个大问题拆解成一组连贯的小问题，一步步引导 AI 给出结果，这才是对的。

比如可以这样问 AI：

问题 1：你是一位资深的职业生涯规划师，我想找你咨询职业发展的问题，明白吗？

问题 2：我的年龄是 ____，学历是 ____，专业是 ____，擅长 ____ 技能，目前在 ____ 工作，工作了 ____ 年，曾任职于 ____ 单位，没有结婚，性格是 i 人，我的基本情况你清楚了吗？

问题 3：我现在每个月收入不到 ____ 元，想找一份月薪 ____ 元的工作，你对我有什么具体的建议？

你会真的去问吗？

解锁 AI 的四种身份

不要把 AI 当一个软件，要把 AI 当作一个人，一个真的能听懂你指示的人。

而且它可以拥有不同的身份。

它可以是无所不知的导师，对你有问必答。

它可以是经验丰富的教练，为你出谋划策。

它可以是训练有素的助理，帮你快速交付。

它可以是耐心陪伴的朋友，做你倾诉对象。

AI 越来越像一位全知全能的人，之所以还不是神，是因为你是它的领导，它遵从你的指示工作。

也许有一天，人类和 AI 的关系会倒过来，谁知道呢。

不是人人都会提问，但是人人都喜欢模板

AI 普及最大的门槛，就是要学会提问。

学会提问是很难的，大部分人一辈子都没有学会，有了 AI 一样学不会。

向 AI 提问让人挫败，但是各种 AI 换脸小软件很快泛滥。

这说明什么？

套模板才是刚需啊，普通人喜欢换脸小软件，职场人需要文案模板，本质都是套模板。

谁的模板更好用，谁的 AI 应用更成功。

养成 3 个新的习惯，AI 会越来越好用

不管你用哪一款 AI，都可以养成 3 个新习惯。

（1）遇到任何问题，先想一想，能不能先问 AI。

以后不是遇事不决问百度，而是遇事不决问 AI。

（2）不知道怎么问 AI 的问题，就让 AI 帮忙想。

比如：我有一个问题 _____，我不知道怎么问 AI，请你教我怎么向 AI 提问会得到一个更好的回答。

（3）给 AI 设置不同的角色，对于同类型的问题，都去问这个 AI 角色．

比如对 AI 说，你是一位手绘达人，请你帮我 _____。

重点是以后有和手绘有关的问题，都接着在这个问题下提问。

不要另开一个新提问，积累越多，AI 才会越懂你喔！

警惕 AI 的假、大、空

AI 毕竟是从人类数据中学习的，人类自身存在的问题，AI 迟早也会出现。

你觉得 AI 写的文章很官方，那是因为投喂的语料很官方。

还有，AI 并不是什么时候都是对的，缺乏信息的时候，AI 会一本正经地胡说八道。

特别是计算，AI 的回答不一定是计算出来的，而是预测出来的结果。

总之不能离开人的审核。

最后背锅的是人，不是 AI。

向围棋国手学和 AI 相处之道

顶尖围棋高手面对 AI 的心路，很值得我们普通人参考。

AlphaGo 横空出世后，大家才发现，在 AI 眼里，我们人类的名局到处都是漏洞。

天才棋手李世石说失去了最早学棋时的求道动力，直接退出棋坛，因为不知道为什么要钻研棋艺，反正答案 AI 都知道。

世界冠军古力说，一开始非常不适应 AI 超过人类的现实，自己原来讲棋非常自信，告诉大家哪里下错了，应该如何如何下。

在 AI 面前，曾经的世界冠军古力也不自信了，面临复杂的局面，古力也会先问 AI 的判断，然后再给大家解释 AI 为什么要这样判断。

失去对自己的自信，对顶尖高手是一种残酷的打击。

但古力也说自己慢慢适应了用 AI 教棋，用 AI 协助做商业推广，只不过放下了棋手的名利心和胜负观。

围棋这个行业发生过的故事，也是未来很多行业会逐步发生的故事，你说是不是？

AI 时代，人要交智商税

算力目前是按回复字数收费，而不是按问题难度收费。

蠢人问蠢问题，问得多，算力消耗少，回复字数多，还没营养，但要花的钱并不少。

聪明人问一个好问题，算力消耗大，启发大，如果回复字数少，还可以少花钱。

你看，如果不学好提问，AI 时代就是一个蠢人补贴聪明人的时代。

AI 时代最大的意难平，就是你发现不是 AI 不行，而是你的智力不够用。

AI越来越聪明,将来会影响哪些工作

不是将来,是现在 AI 就可以做很多人不愿意做的工作。

复杂性低的事务性工作,甚至是有创造性的工作,都可以交给 AI。

不需要和人直接接触就能完成的工作,现在已经有 AI 数字员工可以完成。

比如在线客服。

需要很贵的人工来做的普通创意工作,会逐步被 AI 替代。

比如普通的程序员、设计师、新媒体文案工作者、短视频剪辑师。

AI 时代,机器一个小时就可以创造出 1000 张合格的图片,如果用人工,可能需要 10 个人花一周才能完成。

人类未来需要去做沟通,去做说服,去做决策,真正的问题是 AI 做得太快,超过了人类的信息处理能力。

恐怕以后只能是一个 AI 去约另一个 AI:我们一起帮主人搞定这件事吧,人类实在是太慢了,我不想等。

AI 人工智能的爆发，会淘汰哪些职业

平面、动画、电影等行业的创意设计师，发现赚钱变难了，要么使用 AI 提高生产力，抢到更多单子，要么被迫转型。

IT 行业的普通码农和测试人员的简单工作，也正在被 AI 替代。

替代永远是在一个行业出现成熟的解决方案后才能系统地发生，在此之前，谁 AI 用得好，谁工作更轻松高效。

比如很多单位的文职人员，有了 AI，他们的工作会变得更轻松。

积极心态的人会思考：既然 AI 能提高某些工作效率 100 倍，那原来哪些不能做的事情，现在变得有利可图了？

比如用 AI 翻译网络小说给外国人看，现在变成了一个赚钱的好生意。

AI 时代哪些工作更适合人类

普通人怎么办？选择做程序员、设计师、工程师，恐怕都慢慢变得不是 AI 的对手。

只有基于直觉的创意能力，哪怕 AI 再发达，也不一定打得过人类某个天才的灵光一现。

但天才能有几个呢？

反而是做家政、修水电、做面对面销售，从事这些依赖人的临场反应的，需要人和人真实互动的工作的人，暂时不怕被 AI 替代。

以后人会发现，人能做的事情，AI 机器人都能干，但总有一些工作，人干更有性价比。

总有一天，大家又发现，劳动者最光荣。

不要担心 AI 马上会替代人的工作

AI 一定会替代很多人的工作，那是因为这些工作太简单了。

什么工作不简单？

需要人做判断的工作。

一项工作需要人来做主观判断的频率越高，就越依赖人的决策，就越不容易被 AI 替代。

例如，优秀的文案人压根不应该害怕 AI 的挑战，因为一篇文案里，人要做的判断太多了，而且涉及产品、市场、用户、使用场景、素材的版权、阅读的连贯性、是否会冒犯潜在的读者等诸多因素。

问题是你的工作里面有多少需要你做判断？又有多少工作判断依赖你的个人能力？

好好看看你的工作，如果都是标准化的流程，这样的工作以后很有可能会被 AI 取代。

让 AI 独立做出 PPT，很难

一页简单的 PPT，并不简单。

仅仅是材料取舍，就要考虑：定什么主题听众喜欢？放什么素材能吸引听众？配图会有什么忌讳吗？文字需要删减和提炼吗？

AI 搞不定。

AI 的确可以完成绘画、动画和游戏，因为设计师只需要创造一个虚拟世界，不需要考虑真实世界里的各种关系。

虚拟世界多简单啊，你喜欢就好。真实的世界还是太复杂了。

复杂意味着需要消耗巨大的算力，消耗巨大的能源，还是用人力成本比较划算。

所以 PS 设计师压力很大，PPT 设计师压力不大。

AI 最终会取代人吗

也许不会，也许会。

也许要过很久才会，也许在不远的将来就会。

普通人要少思考自己无法左右的问题，多思考能让自己变好的问题。

比如：

（1）我的哪些工作，未来是可以让 AI 来做的？

（2）我应该学习哪些技能，才能更好地适应 AI 时代？

（3）如果掌握了 AI，我可以发现哪些机会，让这个世界变得更好？

记住，你不需要跑过 AI，你只需要跑过那些不积极拥抱 AI 的人。

第 2 章

AI 时代的学习高手：
掌握与 AI 对话的能力

你过去掌握的绝大部分学习方法，都需要在 AI 时代升级。

哪家的大模型更好用

不是依赖某一个大模型,而是同时用!

AI 大模型的竞争,就好像游戏里的装备升级,不同的角色都有自己的独特法宝。

又没有角色限制,为什么不都试试?大模型是可以互相 PK 的!

谁家答案好,就用谁的;

谁家功能强,就用谁的;

谁家真免费,就用谁的。

保留你的选择权,你才有最大的自由。

拥抱 AI 最好的方法，就是马上就用

不要问哪家大模型强，看到有趣的 AI 功能，马上用起来。

阅读长文档，翻译文章，写材料，做 PPT，画思维导图，设计海报插画，创作一首歌，让照片说话，生成短视频数字人，都有免费的工具。

用，马上用，拥抱 AI 最好的方法是马上就用。

AI 时代的学习高手：拜 AI 为师

一年读 500 本书的人，当然厉害。

有了 AI，其实我们有了另一种选择。

AI 已经帮我们读完了几乎所有的书。

学会向 AI 提问，比多读几本口水书更重要。

毕竟今天很多书的内容，都不如 AI 完整、全面和有深度。

不是不读书，而是让 AI 成为阅读导师，才是更聪明的选择。

用 AI 为我们快速获取知识，让我们有更多时间专注于深度思考，才是更明智的选择。

比如可以问 AI：如果你是苏格拉底，你会怎么回答"如何给领导做工作汇报"这个问题？

不用死记硬背，也能马上就会

过去我们需要花费大量时间训练，来形成我们解决一件事情的肌肉记忆。

这当然是对的，虽然很容易变成死记硬背。

有了搜索，对于事实性的知识，其实随搜随有；

有了 AI，对于推理性的知识，一样会问就有。

如果对 AI 的答案非常满意，我们需要习惯问 AI：

你给的答案非常好，能把你的推理过程也给我讲一遍吗？

会有惊喜的。

05 所有经典的思考框架，都是优质提示词

用了 AI 之后，我又开始主动找书看，而且只看经典图书。

因为我发现书上讲的经典框架，全部是优质提示词。

比如打开市场营销学教材，里面说用波士顿矩阵分析产品，那就可以问 AI：

我是一名＿＿企业主管，公司做＿＿行业，目前有＿＿类产品，你能否用波士顿矩阵帮我分析一下这些产品的未来价值？

答案不会比月薪过万的小助理差。

天啊，关键是无论哪一种分析框架，只要经典，AI 就会用。

哪里去找这样的人才？

AI 是不会发脾气的最佳小助手

7×24 小时在线，随时找它，随时回答。

问任何问题，它都想办法回答，给任何条件，它都尝试帮你完成。

即便你告诉它，你对答案不满意，希望怎样改进，它也会说"好的"，然后马上开始干活。

重点是 AI 这样的小助手，不会出现情绪内耗。

哪里去找这样完美的"员工"？

被颠覆了！有了AI，就算没看懂，也可以马上去用

可以试着让你的 AI 助理，变得更聪明。

只要你学会正确运用 AI，那你很快就可以把知识变成能力。

打开一本书，如果觉得它讲的方法很不错，哪怕你还不太懂，没关系，马上就可以用起来。

只需要对 AI 说：我刚刚看到一个方法，叫_____，请你用这个方法替我分析一下_____问题，多谢。

比如可以说：我刚刚看到一个方法，叫 SWOT 分析法，请你用这个方法替我分析一下中美 AI 竞争的问题，多谢。

你放心，AI 知道怎么做。你现在要不要随便翻开一本书试试？

把你看过的干货，都变成 AI 提示词

体验过 AI 渊博知识的聪明人，马上会意识到未来的学霸不是比谁看的书多，而是比谁攒的 AI 提示词多，谁的提示词强。

如何让你的提示词变得更多更强？

方法很简单，不管在哪里看到好的方法，马上把它改造成提示词。

如果你不会改，很简单，你只需要这样告诉 AI：

我看到一段话，_____，如果要向 AI 提问，我应该怎么结合上面这段话，就_____场景，提出一个好问题？

比如：我看到一段话，"让领导知道你的工作与你上级/公司的核心 KPI 息息相关"，如果要向 AI 提问，我应该怎么结合上面这段话，就我的工作汇报，提出一个好问题？

赶紧试试这个脑洞大开的提问思路。

请忘掉那些过时的学习方法

再也没有必要死记硬背，看到的各种知识，不一定非要搞懂，马上就可以用。

你唯一需要思考的是，不同的知识，用什么方法可以变成好用的提示词。

例如，绝大部分人都不懂 PESTEL 分析——这几个字母分别代表政治（Political）、经济（Economic）、社会文化（Sociocultural）、技术（Technological）、环境（Environmental）和法律（Legal）因素，但这有什么关系呢？

你不懂不要紧，只要 AI 懂就行了。

可以很轻松地告诉 AI：请用 PESTEL 分析，帮我分析一下为什么我今年又没有赚到钱？

把 AI 的答案告诉你的朋友，他们会对你刮目相看。

学习新思维：选择"信息—行动比"高的书去读

一旦习惯让 AI 帮你读书，你选书的偏好也会变化，会发现自己更喜欢看行动指令型的书。

告诉你一个方法论，给你一件事的步骤，或者给了一个具体的建议，都很容易变成解决某类问题的 AI 提示词。

就好像一下子获得了别人毕生的功力一样。

观点多、金句多、故事多的书，能够引起人类情感的共鸣，但不一定适合变成 AI 提示词。

一本书你越是愿意投喂给 AI 训练提示词，说明这本书的干货指数越高。

你身边的干货书多吗？

阅后即焚,才是正解

大部分书,读完没有记住内容,没关系的。

阅后即焚,才是正解——不用刻意记住什么,人类所有已固化的知识,AI 都知道。

读书是为了让自己快乐,找到灵感,或者复习一下自己知道的知识就好。

不要给自己那么大的压力,阅读不是为了记住,阅后即焚才是正解。

特别是很多书,金句多,最适合用 AI 去总结金句的句式,回头你就可以批量复制。

请总结这句话的句式,并按这个句式写 10 条关于＿＿＿的金句。

真的挺好使的,就是这么简单,让 AI 负责记忆,让大脑追求多巴胺。

多巴胺让人享受学习,背书让人痛恨学习。

挖矿式阅读法：
就该一目十行

不是所有书都值得你每句话都看。

想一想算法会如何阅读一本书？

算法不会逐字逐句读，它们只会寻找关键词，碰到和关键词相关的内容，就检索出来，看看有没有用。

像不像矿工挖矿的过程？有用的矿石留下，没有用的泥土扔掉。这种阅读方法可以称为"挖矿式阅读"。

阅读就是在挖矿，只在有矿的章节上花时间。

没有用的内容，直接划过，一个字也不要看。

别纠结，你用手机看文章的习惯，早就迁移到读书上了。

让 AI 精准定位关键内容，解放你的双眼

等等，有了 AI，其实你还有更聪明的做法。

干吗要花你的时间挖矿，AI 不是很擅长长文本阅读吗？

只需要告诉 AI：有几篇文章、几本书，我想把里面和_____相关的内容都看一下，你能帮我读一遍，并形成摘要给我吗？重点内容请帮我标注好出处，顺便帮我生成一份思维导图。

给你的小助理布置这份任务，就算你给他高薪，他也不一定能做好，但 AI 很擅长做这种事情。

哎，还做什么笔记，关键词一搜即得，让AI 一分钟生成最佳答案，解放你的眼睛，用来欣赏这世间的美好。

记得分步做，AI 一下子搞不定这么多任务。

看到好文章,马上让 AI 拆解和仿写

小时候大家都听过一句话:天下文章一大抄,看你会抄不会抄。

你讲得很对,但我真的不会抄。

但今天有了 AI,就不一样了。

怎么不一样?——试试这 3 个问题。

问题 1:我这里有一篇文章,故事讲得非常好,你能帮我分析一下这篇文章的故事到底好在哪里吗?

问题 2:能否把你总结的优点,变成提示词给我用?

问题 3:按照你总结的提示词,帮我写一篇 ××× 主题的文章,请补充如下细节……

是不是突然感觉你也能当作文老师了?

要告诉 AI，请说人话

AI 写的文字，往往是正确的废话。而且明显有一股 AI 味，不像人说的。

其实解决办法很简单，等它生成完答案，你直接告诉它三个字：说人话。

如果 AI 听不懂，你可以把这段提示词直接复制过去：

请用以下规范输出：

（1）语言平实直述，可以口语化；

（2）使用日常场景化案例辅助说明；

（3）能用大众熟悉的具体名词，就不要用抽象概念；

（4）专业词汇必须给通俗解释；

（5）禁用夸张的文学化修辞；

（6）重点信息前置；

（7）复杂内容分点说明。

一天读完一本书，真的太慢了，试试 AI 速读法

不要学什么速读法了，人读得再快也没有 AI 读书快。

试试 AI 总结式速读法，把一本书丢给 AI，你可以问 AI：

- 能帮我总结这本书的内容概要吗？

- 能帮我把这本书里面和 ××× 相关的金句整理出来吗？

- 能替我总结每一节的中心思想吗？

- 能帮我画出这本书的思维导图吗？

- 能用村上春树的风格给这本书写一篇书评吗？

AI 会给你带来惊喜。

7组提示语，让AI帮你提炼一本干货书的精华

（1）请帮我概述书中的主要观点或论点是什么。

（2）请帮我总结作者提出了哪些重要的概念或理论，这些概念或理论是如何在书中被解释和应用的。

（3）请问作者是否引用了具体的案例或实证研究来支持其观点？这些案例或研究有哪些关键发现或启示？

（4）书中提供了哪些实用的技巧、方法或建议？这些技巧和建议适用于哪些场景或问题？

（5）书中是否存在有争议的观点或理论？作者对这些争议是如何回应或解释的？

（6）请分析作者创作这本书的背景和意图。

（7）请总结阅读这本书后，能得到哪些重要的启示或思考。

是不是心里暗爽？高考阅读理解题，AI全部帮你变成送分题。

真正的知识管理：让 AI 读一遍你的云笔记

过去很多人喜欢囤书，其实大都没看完。

现在很多人喜欢囤文章，其实大都也没看完。

越是囤积，就越有安全感，和松鼠不停囤积松塔一样，囤得太多，经常自己也找不到。

现在不一样了，你所有的云笔记，都请 AI 读一遍，下次你写文章的时候，可以告诉 AI：

能不能结合 ××× 分类里面的几篇文章，给我写一篇 ××× 的材料，我马上要用，多谢。

其实你不需要这么客气的，但据说对 AI 好一点，它也会工作得认真一点。

书读不进去？试试 AI 交互式读书法

遇到看不懂的书，很正常。

在过去，你可能就把这本书闲置了。

今天可以让 AI 做免费阅读教练，请告诉 AI：

这里有一段话＿＿＿＿，我看不懂，请你用打比方的方式替我解释一下。

要不加一句："需要用三种不同的方式打比方"。是不是很过分？

放心，再过分的要求，AI 也不会打你。

或者可以问 AI：

这里有一段话＿＿＿＿，我看不懂，请你用举例子的方式给我解释一下，能不能举正反两个例子让我更好理解，多谢。

或者干脆说：

我是一个小学三年级的孩子，请用费曼学习法帮我解释一下这段话＿＿＿＿，多谢。

无法解决的难题，试试 AI 帮你思考

书读得再多，也是为了解决现实问题服务的。

我们要解决的是真实场景下的具体问题。

还好，有的大模型已经具备了推理能力，你不要过度引导大模型，你只需要说出你的困难。

记住这个提问方式：

我要做 ××，要给 ×× 用，希望达到 ×× 效果，但担心存在问题……

我还真问了一个问题：

我要写一个 AI 大赛策划，老板过完年就要看，希望大赛重点放在帮企业解决流量获取的创新上，大赛结果要在赞助商企业面前能达到装逼效果，力压同类 AI 大赛的效果，但担心我们大赛策划缺乏吸引力，投入经费也不够……，你试试给我建议？

记得一定要问 DeepSeek 大模型，有惊喜。

如何拥有一个完美的 AI 助手

（1）你给的要求越明确，AI 的答案越靠谱。

（2）你给的提示词框架方法越高明，AI 的答案越高级。

（3）回答得不好？换一个提示词，也许就海阔天空。

（4）如果你不满意答案，那就追问，但请告诉 AI 不满意的地方是什么。

（5）尝试从不同的角度去问一个问题，比如社会学、经济学、心理学……

（6）告诉它，你帮我大忙了。

AI 会让人形成依赖性吗

习惯用 AI 提问，会不会让人形成依赖性，失去独立思考能力？

这是很多人担心的问题。

好笑的是，没有 AI，人就有独立思考能力了吗？

相反，有了 AI，大家会发现必须主动学习各种知识，必须学习各种解决问题的方法，才能提出一个好问题。

有竞争才能倒逼人去思考，而不是别的。

不要因为没有发生的事情，而抗拒拥抱新事物。

23 逃离"信息茧房"，有一个绝招

做什么都依赖 AI，会不会困于"信息茧房"？

有这个风险。阅读要追求广度，不应该依赖算法的推荐。

对抗算法的方法其实是养成主动搜索习惯，你要主动告诉算法：我不喜欢 ×××。

算法怎么知道你喜欢什么？指定一个主题，主动搜索，然后读推荐的好文章，算法就知道你喜欢什么了。

凡事主动一点，就能领先很多。

这和 AI 有什么关系？

当然有，可以问 AI：

如果我想了解_____，你建议我搜索哪些关键词，会看到好的文章？

比如你想了解如何做短视频，试试上面的 AI 提问。

一定要读点难的书

说实话,如果太依赖 AI,似乎还是哪里有些不对。

好的学习者会选择,让 AI 把自己从在书中找资料的琐碎工作中解放出来,培养自己的深度思考能力。

要学会深度思考,只能逼自己去读系统的书、经典的书。

读透一本经典书,训练自己的思考力,才能让我们更好地利用 AI。

你的知识体系越是系统,越是通融,你请教 AI 的灵感反而越多,就好像两大高手过招,才能互相激发。

读 100 本快餐书,不如真的读透 1 本经典好书。

越是信息易于获得,越要花时间学一手知识。

让 AI 帮你构建与完善知识体系

道理是这个道理,你可能觉得这很难做到。

要不退一步,先做到假装自己拥有完整的知识体系,好不好?

请教一下 AI,能否在_____领域,给出完整系统的思维导图。

甚至你可以补充,你希望按照怎样的方式分类来组织你的思维导图。

例如,可以问 AI:

能否在 PPT 领域,就逻辑、设计、演讲三个维度,给出完整系统的思维导图,每个维度请继续生成下一级细化的知识点。

结果让人挺满意的,可以直接拿去当目录写书了。几分钟帮你生成一本书的思维导图,就问你酷不酷?

用好 AI,再也不用担心学习输出

发朋友圈,让 AI 成为你的得力助理,你提要求,它来写。

写金句书摘,你定标准,AI 帮你阅读,整理,分类。

想找书单,要快,要好,要全!让 AI 去搜索就好。

半小时写出好书评,真的可以请 AI 试试,你把你想写的大纲告诉它就够了。

快人一步用对 AI,让打工人成为"人上人"。

对了,要不你试试用 AI 给《真红利》这本书写一条朋友圈?

比如可以这样说:我是一名＿＿＿＿职业的人,我看了《真红利》这本书,我觉得它有一点特别启发我,是＿＿＿＿,请帮我写一条完整的朋友圈,要求有趣,吸引大家和我互动点赞,还不超过 200 字。

记得发完朋友圈,看看效果喔。

真学霸，比的是快速把知识变成生产力

网上很多人羡慕会做好看的读书笔记的人。

不能说这样做没有用，这是让学过的知识和自己过去的知识体系整合起来的好办法。

毕竟 AI 生成内容快是快，不等于你真的消化吸收和理解了。

但会做读书笔记，不等于你就是学霸。

未来检验一个人是不是真学霸的方法很简单：

谁能把学到的知识，快速输出成成果，带来生产力，谁才是学霸。

没有人管你是不是 AI 帮忙做到的，重点是你真的做到了。

人机协同,是未来所有人的标配工作模式

结构化、弱社交、重复性、低技能的服务,会逐步变成 AI 人机协同模式,对人的依赖越来越少。

突发性、重沟通、一次性、综合技能的服务,还是人更擅长。

我们未来要形成的思考习惯是,哪些工作交给 AI,哪些工作让人来处理,效率更高。

不是外包给人,而是外包给 AI。

让 AI 把你的核心能力放大 100 倍

科技的进步让人接触的信息越来越多，是好事，也是坏事。

人真正要保持的是专注力，必须把自己最稀缺的、不可再生的资源——时间，投入在自己最有产出的事情上。

让 AI 放大你最核心的能力，围绕这一点训练 AI，使用 AI，你才能更快地脱颖而出。

如果你原来是一个文案高手，你就应该让 AI 帮你更快写出更好的文案，让你可以服务更多的客户，这才是普通人拥抱 AI 的成功之路。

信息爆炸，请务必保持专注。

人类如何在 AI 时代学习

不依赖课堂和书本,甚至不需要老师辅导,直接跟着 AI 学习,可以吗?

答案是肯定可以,问题是人类是否愿意接纳机器人教师。

总有先行者尝试。

菏泽一高中课堂率先引入"豆包"大模型辅助学习,学生晚上最后一节课,可以向"豆包"请教英语和数学问题,效果很好。

这样的事情多了,大家迟早会接受让有情绪识别能力的机器人,把家长从辅导孩子作业的鸡飞狗跳中解放出来。

AI 时代的教育，是真正的快乐教育

研究如何用 AI 帮孩子提高成绩的人，就是今天的堂吉诃德。

提高成绩有什么用啊，就那几十分的提高，在 AI 面前完全不够看。以后能被 AI 选中的人，是因为他们拥有特殊才能。

偏才、怪才、天才，才是人才。你我皆凡人，都是普通人。

普通人最大的奋斗不是让自己更聪明，而是学会让自己开心，哪怕是面对逆境，也能笑对人生。

明白这一点，对中国家长来说，反而是一种解脱，迟早他们会发现，鸡娃不如让娃们留下父母温情陪伴的美好回忆。

以后能被选中培养的孩子，往往有特殊的技能，普通人的孩子，拼不过别人家的牛娃，也比不过 AI 的算力，想通这一点，天天鸡娃真不如一家人开开心心在一起。

第 3 章

智能时代的成功企业：
从 AI 工作台到一人公司

> 未来的公司，不比规模，而是比谁是真智能企业。

01 AI 红利,到底会持续多久

人往往会高估短期的影响,低估长期的趋势。

很多人听过这句话:GhatGPT 的发布,是 AI 的"iPhone 时刻"。

很多人已经忘记了,2007 年的 iPhone 虽然非常惊艳,但是直到 iPhone 4 的出现,苹果手机构建的生态才真正完善,人类加速进入移动互联网时代。

那一年是 2010 年,这一年小米公司正式成立,美团正在发力外卖市场,滴滴打车还没成立。

AI 也是这样,刚出来时大家以为 AI 会改变世界,结果两年过去,很多人觉得好像只有搞 AI 培训的人赚到了钱。

从技术突破到广泛应用,需要时间。

在很多人失去耐心的时候,拐点已经来了,而且人类进入智能社会,就像进入移动互联网时代,再也不会回头。

不拥抱 AI 的企业，没有加速度

当别人选择坐高铁时，你还是坐大巴车，你说你会不会输？

面对 AI 浪潮，我经常会听到企业各种各样的问题：

我们企业有特殊情况不能上网怎么办；

什么都问 AI，我们数据是不是不安全；

我们感觉 AI 现在达不到我们的要求；

公司没有安排专门的预算。

问题都能解决，但你要主动开始找解决方案。

限制性信念多的人，拥抱新事物的速度就不可能快。

没有预算，不是拒绝 AI 的理由

吃一顿饭花掉 5000 元，买一部车用掉 50 万元，但只要一个月准备 5000 元的预算，你就可以把全世界主流的 AI 软件都用起来。

更不要说，很多 AI 平台为了竞争，大部分功能选择免费。

在未来最大的趋势面前，你的选择居然是等待？

缺乏好奇心才是失去行动力的根源。

04 拥抱 AI，必须是老板先用

在一家公司，老板才是最应该先用 AI 的人。

AI 需要明确的指令，老板是一个公司里最清楚自己要什么的人。

AI 遇强则强，老板是一个公司里权力最大的人。

AI 和业务深度结合，才能变成新质生产力，老板才是每天琢磨这些事情的人。

谁不想要一个效率高、24 小时在线、什么都会、花钱少，还不闹情绪的全能助理？

现在，老板可以检查一下，你的手机装上 AI 软件没有？

05 重视 AI 的老板，有三个特征

特征一：每天给员工转发 AI 的热点新闻。

特征二：遇到事情，开始习惯先问 AI 怎么解决。

特征三：体验过 AI 的便利后，开始希望每个员工都用。

和人沟通 100 遍说不清的事情，和 AI 聊 3 分钟就搞定了，一旦老板体验过这种快乐，你说老板能不重视 AI？

所有的行业，都值得用 AI 重做一遍

所有的行业，都值得用×××重做一遍。

这句话已被滥用，短视频、直播、视频号、小红书等平台火的时候，都被人这么夸过。

有些你听听就好，但 AI 是真的值得。

AI 是未来社会的基础设施，就好像人类有了电，有了铁路，有了计算机，有了互联网，所有人的生活从此都被深度改变。

你要思考 3 个问题：

（1）你的产品 +AI，你希望是什么形态？

（2）如果是你的服务 +AI，你希望是什么模式？

（3）如果 AI 真的普及，你现在的产品和服务还有竞争力吗？

比如，如果大家都习惯通过 AI 学习，更系统，更方便，还能随时互动，那么成年人以后还会看书吗？

AI 对标的不是手机，而是计算机

没错，手机改变了很多行业，还有我们的生活。

但计算机的出现，对人类意义更加重大。

计算机让人类进入了信息社会，手机只是让人类信息利用变得更普及、更方便。

AI 出现意味着人类进入了智能时代，这是一个全新的起点，人类需要有一个适应的时间。

想一想，当年电脑是怎么扩散的？

先花钱学五笔打字，再学习操作系统，然后是买电脑硬件软件。

AI 也是一样的普及过程，先学会用 AI 提问，再学用 AI 提升业务，然后买各种 AI 软件和硬件。

08 转型,从全员培训 AI 开始

如果你的企业想用电脑,你得先让所有人知道如何使用电脑。

如果你的企业想拥抱 AI,你得先让所有人知道如何使用 AI。

不是每个人都积极,也不是每个人都有那么强的自学能力,所以培训是必需的。

我们做了 1000 多场 AI 培训,可以确定地告诉每一个企业主:

AI 是学完就能用、马上就能提升生产力的工具。

关键是人只有先开始使用 AI,才能找到赋能业务的好点子。

谁是公司最会用 AI 的那个人

不一定是技术最强的那个人,也不一定是智力最高的那个人。

最有想象力的人,最能利用 AI 放大他的创造力。

越是思维有路径依赖的人,用 AI 越缺乏想象力。

一位学富五车的博士,真要用 AI 创作一个故事,不一定比得上大山里会讲故事的老奶奶。

"00 后"用 AI 时,没有条条框框的局限,反而能搞出不一样的创意。

从一人榜样到群体进化

面对一个智能远超人类的工具，我们应该怎么用它？

传统企业：培养一个标杆，让大家都去学习他。

AI 企业：让所有人都去用 AI，谁用得好，大家都去模仿他。

每个人面对 AI，都有自己的灵感，把所有的灵感汇聚到一起，就是组织进化的力量。

AI 时代需要真正的学习型企业、分享型企业。

谁保守，谁出局；谁分享，谁进化。

不是取代人,而是让员工创造更大的价值

网上到处都是关于"AI 会不会取代人"的讨论,这显然是不妥当的。

没有人愿意支持会淘汰自己的平台,哪怕它代表了先进生产力。

要告诉员工用好 AI 可以创造更大的价值,要激励用 AI 创造了价值的人。

让他们被看见,被认同,被提拔。

这样企业推广 AI 就快了。

全员推广 AI，我们有三招，很管用

秋叶真的做到了三个月就全员应用 AI。

第一招：办大赛

我们每年举办一次"科技与狠活"大赛，大家分享自己用 AI 和业务结合的案例，做得好的，发奖金。

肯发钱，就是公司最好的态度。

第二招：升级工作日志

我们的每日工作总结最后一项，不是明天的计划，而是 AI 应用心得分享。

同事看到别人怎样用，会启发到自己，看到同事都在用，自己肯定也会思考怎样用。

第三招：年终述职必须讲怎样用 AI 赋能工作

没有这一项，年终奖降级。

相信我，你用这三招，你的公司含 AI 量也会快速提升。

抓住一个痛点，解决一个问题

企业的问题千头万绪，AI 不是万用灵丹。

不要指望一下子就解决一个大问题。

最早大家用电脑，也只是想提高一下打字效率，把人从繁杂的手抄文字中解放出来，然后才慢慢开始做表格计算，做财务信息化，做进销存，做企业资源管理系统（ERP）……

应用 AI 也是一样的过程，比如很多企业都要做小红书，不要指望一开始 AI 就能代替人写出完美的小红书文案。

可以先解决一个问题：

我已经写好了一篇小红书文案，但我想不出好标题，你能根据我写的文案，想出 10 个适合小红书发布的标题吗？

你看，这样 AI 不就已经开始帮你创造价值了吗？

14 职场人需要的不是AI,而是AI模板

写出优质的新媒体文案并不复杂,给出一个好的提示词就行。

比如我们想写一篇微信公众号文章,只需要套用这样的提示词:

角色:你是一名资深新媒体编辑,现在请你围绕"_____"话题写一篇公众号推文。

要求如下:

(1)逻辑:总分总式;

(2)标题风格:轻松幽默;

(3)目标读者:35岁左右的女性;

(4)其他:不少于1000字,每一段结尾都必须写一条金句。

我的素材是:略。

有了这个模板,就可以在1分钟内得到一篇不错的公众号文章底稿。

普通人其实不想提问,给他现成的提示词模板,能马上用,对他来说这就是好AI。

不是 100 个模板，是 1000 个

工作中要写的材料太多了，这就意味着企业需要的不是 10 个，不是 100 个，而是 1000 个个性化模板。

不管是写文章、出图，还是拍短视频，其实都需要创作出不同类型的模板。

碰到怎样的场景，就调用对应的提示词模板，这样工作效率才能真正提升。

大脑喜欢简化，而不是复杂化。

你的企业，有多少自己的提示词模板呢？

优质提示词是企业的知识资产

绝大部分企业还没意识到 AI 提示词的价值,都没有安排专人整理。

优质 AI 提示词能极大地提高工作效率,是企业未来的知识资产,必须整理;全员都去用,会让我们应用 AI 的工作效率越来越高。

但还有一个问题,假如整理出了很多优质提示词,请问放在哪里?

放在记事本文件里,复制给每一个员工用?

那岂不是员工走了,企业所有的提示词都被拷走了?

AI 时代到了,企业的知识产权保护是不是也要提前考虑了?

每个企业都需要一个 AI 工作台

大模型再好用,也不适合企业客户用。

三个理由:

(1)员工不想花钱,企业需要监管。

没有人希望给公司干活还自己出算力费,企业也不希望员工用公司的算力干私活。

(2)企业需要标准化。

企业不仅仅需要好的 AI 应用,更希望让 AI 应用变成全公司的标准化工作流程,只有所有的人都共享一个软件,流程才能标准化。

(3)企业需要保护自己的知识资产。

好用的 AI 背后是企业训练的提示词、智能体,这些是企业需要保护的知识资产,没有 AI 工作台就不存在保护的基础。

什么是 AI 工作台

AI 工作台就是一个统一的 AI 软件登录入口。

AI 工作台的进化分三步。

第一阶段：统一的 AI 门户入口

不需要切换软件就能使用常用的 AI 功能，比如生成文字、图片、PPT、思维导图、音乐、视频等，完成 AI 翻译、长文本阅读等任务。

第二阶段：统一的 AI 应用入口

把企业总结的提示词、投喂的数据、内部的知识文档、训练的智能体全部管起来，变成便利的导航。

第三阶段：统一的 AI 流程入口

某个业务的完整流程都能在 AI 支持下顺利完成，完成了信息化系统的全过程的 AI 化迁移。

先解决小任务，再用 AI 挑战完整的工作

AI 工作台需要时间来完善，先解决简单的工作任务就好。

人工智能专家李飞飞说：AI 完成的是任务，不是工作。

李飞飞认为人类的任何一项工作，都是由一组复杂的任务衔接而成的，AI 现在的能力，适合完成一部分人类的工作任务（task），而不是工作（job）。

比如用提示词写一条漂亮的文案，这是一个任务。

找对选题，写好文案，完成发布，把这些全部做完才是完成一个简单的工作。

从简单的工作开始应用 AI 不丢人，丢人的是总想搞个大的，反而一直在外面围观，没有真的把 AI 用起来。

如何把工作分解成 AI 能搞定的任务

什么是任务？其实就是一组连续的工作步骤。

写一条小红书图文内容，这是一个工作，能分解为哪些工作步骤呢？

普通人的工作步骤是：

步骤 1：找到一个好选题；

步骤 2：想一个好标题；

步骤 3：写出一条优质小红书笔记；

步骤 4：为文案生成配图；

步骤 5：把内容发布到账号。

如果是专业团队，可能还包括：

步骤 6：给账号写评论；

步骤 7：监控账号数据指标，形成汇报；

步骤 8：用广告投流加热；

步骤 9：导流感兴趣的用户到私域。

所有的工作都可以这样拆分，可以先粗一点，再慢慢细化。

看看你的工作堵点在哪里

看清楚工作中的全部环节,我们就有了整体视角,现在我们要思考的是:哪些工作步骤效率不高,是业务流程中的堵点?

找到工作中的堵点,先尝试用 AI 解决,你的工作效率就能提升 100 倍。

比如对普通人而言,写一条小红书笔记,最难的事情是:

"步骤 3:写出一条优质小红书笔记"。

创作小红书笔记太费时间。

那么我们就可以去创建一个 AI 提示词,帮你 30 秒就写出优质小红书笔记。

野心大一点,试试用 AI 把工作全部做了

一旦体验过 AI 搞定任务的快乐,就忍不住想搞定更多。

比如写小红书的 9 个步骤,感觉都可以用 AI 搞定啊。

步骤 1:找到一个好选题——AI 可以辅助选题;

步骤 2:写出一条优质小红书笔记——AI 可以辅助写笔记;

步骤 3:想一个好标题——AI 可以辅助写文案;

步骤 4:为文案生成配图——AI 可以辅助生图;

步骤 5:把内容发布到账号——AI 可以辅助发送;

步骤 6:给账号写评论——AI 可以辅助写评论;

步骤 7:监控账号数据指标,形成汇报——AI 可以辅助分析;

步骤 8:用广告投流加热——AI 可以辅助投放;

步骤 9:导流感兴趣的用户到私域——AI 可以辅助获客。

还待着干吗,去一个环节一个环节地搞定啊!

从 AI 提示词到 AI 智能体

如果 AI 能干的任务越来越多，把一些任务串联起来，就能让 AI 自动完成简单的工作。

比如能否让 AI 根据我们的要求一次性完成小红书的文案，并生成配图？

这当然可以做到。

这种能一次性完成某几项任务的 AI，我们叫它 AI 智能体。

为什么需要 AI 智能体

我们有各种软件,它们和 AI 的区别是:

软件需要你精确输入参数,但 AI 能直接理解你的话。

不管你是文字输入还是语音输入,它都能理解并及时响应。

更重要的是,AI 智能体能依据我们提供的信息,模仿人去做判断,这是传统软件完全搞不定的。

你只需要说你要什么,AI 就能理解你的任务并去完成。

如果你提供了参考资料,它会主动阅读,并参考里面的内容调整工作输出。

万一你的工作需要特定的参考资料,它会去主动搜索。

你看,AI 是不是越来越像一个合格的小助理?

25 不是自动化，而是训练智能体

所有重复的智力工作，都可以用 AI 完成。

比如：

让 AI 智能体帮你写文章；

让 AI 智能体帮你做海报；

让 AI 智能体帮你筛选面试简历；

让 AI 智能体帮你做虚拟面试。

记住：所有重复的智力工作，都可以用 AI 完成。

有了 AI 智能体，做好这些事情的难度降低了。

你不需要懂编程就能设置好 AI 智能体。

关注微信公众号"秋叶 AI 知识星球"，回复关键词"AI 办公"，预约秋叶的 AI 智能体培训。

每个人都需要 100 个 AI 智能体

做不同类型的海报，我们可以设置不同的智能体。

如果要生成不同类型的文案呢？是不是也可以设置智能体？

如果要生成不同类型的文档呢？是不是也可以设置智能体？

如果要生成不同类型的短视频呢？是不是也可以设置智能体？

答案都是"可以"。

未来的员工有两种：一种是普通员工，什么事情都自己干；一种是聪明员工，发现有规律的事情都可以训练 AI 智能体帮自己干。

聪明员工会发现，自己需要的不是 1 个智能体，而是 100 个智能体。

你是否希望你的员工也这样做？

把 AI 智能体串联成完整的 AI 工作流

还记得做小红书的 9 个步骤吗？

如果你都用 AI 智能体搞定了，你还想做什么？

是不是想把这些步骤全部串联起来，让 AI 帮你全做了？

真的有人这么干，还干成了。

你上班是天天加班活还干不完，人家上班是对 AI 说：请帮我找 3 个适合我的选题，发布到我的小红书账号上，多谢。10 分钟搞定。

没有对比就没有伤害。

AI 会的工作多了，不就可以做数字员工了吗

如果 AI 会的某个岗位上的工作流越来越多，那是不是就可以替代这个岗位员工越来越多的技能？

很多人类不喜欢做、容易出错的重复性智力工作，是不是就可以完全放心委托给 AI 完成？

当然，这就是所谓的数字员工。

英伟达的 1 亿数字员工，意味着什么

英伟达创始人黄仁勋在 2024 年接受播客节目 Bg2 Pod 的访谈时说：现在英伟达有 3.2 万名员工，但他希望英伟达在未来的某天，将成为一家拥有 5 万名员工的公司，同时会有 1 亿个 AI 助手辅助。

1 亿名数字员工？——这意味着什么？

英伟达要梳理全部的职场岗位，把这些岗位的工作都逐步训练到可以用 AI 完成。

先是提示词，再是智能体，然后是工作流，最后封装成数字员工，打包出售给企业老板们租用。

这些数字员工可以按需定制成你想要的任何模样，只要你舍得花钱。

AI在线客服，最适合用数字员工

现在很多行业的产品，可以完全通过在线客服完成从第一次沟通到下单，再到持续复购的流程。

好客服不好招。

培训费劲，不是高薪岗，流动性大，但对业务影响又很大。

不需要直接面对面接触，只需要通过聊天就能完成交易闭环，这样的工作太适合AI来做了。

很多企业已经开始行动了，我们都要抓紧。

31 一个人就能管理 2000 个短视频账号

一个传统的短视频团队,至少需要 3 个人。

1 个策划、1 个摄影师、1 个后期兼运营,只能运营 3 到 5 个账号。

有了 AI 数字员工加持,1 个人可以做 2000 个短视频账号。

把 AI 选题、AI 写文案、根据数字人模板 AI 生成短视频、群发布、分析数据等工作全部交给 AI 去自动完成。

人只需要做关键判断的工作,比如看哪条短视频数据好、导流效果好,安排广告投放放大效果就好。

这样的话,一个人就可以管理 2000 个账号,并不难。

请给 AI 预训练的时间

万丈高楼平地起,一步到位不现实。

先不说现在的数字员工产品是否成熟,就算有了非常智能的数字员工产品,你还得持续投喂 AI 个性化语料。

什么是语料?

企业的介绍、产品的资料、客户的聊天记录、老板的个性化发言、客户对 AI 服务满意或不满意的反馈,都是语料。

语料要通过一定程序投喂给 AI 学习,让 AI 数字员工真正理解你的企业、你的产品、你的用户,才能真正发挥效益。

和培养人差不多,只是人培养好了,离职了,一切都要从头再来,AI 在这点上比人强多了。

不是不养人,而是要养 AI 训练师

如果 AI 这么能干,那我还需要养员工吗?

老板们一定会这么想的。

养人太累了,给人发工资,还得时不时给他们做心理按摩,不然工作起来就要出问题。

业务能力好还不闹情绪的 AI 数字员工,哪个老板会不爱呢?

但别忘了,你也用数字员工,我也用数字员工,问题马上变成了:数字员工哪家强?

要么自己养人训练,要么外包请人训练。

和今天自己开直播还是找人代运营直播,没有啥区别。

做未来企业最需要的人才：数字员工训练师

每个企业都需要围绕自己的核心竞争力，训练自己的数字员工，从而需要大量训练数字员工的人才。

不同岗位的数字员工，不同企业的数字员工，为了使其获得竞争优势，必须对其持续投喂语料，持续在线监控，让数字员工的工作结果更符合人类预期，这需要大量的专业训练人员。

不是提示词训练师，不是人工智能训练师，未来我们需要的是营销顾问数字员工训练师、心理顾问数字员工训练师、律师数字员工训练师……

企业现在需要大量懂专业、懂用户、懂 AI 的数字员工训练师，你准备好了吗？

一人公司，企业的未来

从 AI 智能体一步步进化，先是 AI 工作流，再是 AI 数字员工，最后就自然而然抵达了现在流行的热词：一人公司。

一人公司当然不是说公司就真的只有一个人，而是指小而美的团队，一样可以搞定大生意。

这需要——强大的产品外包供应链、敏捷的物流和支付体系，还有 AI 数字员工的加持。

今天这些条件在中国很成熟了，是我们的优势。

开门做生意，思维模式必须要升级了。

成为学习型组织：
来自生物界的灵感
群体进化

如果有一天，AI 智能远超人类，我们怎么办？

看看自然界的启发。

人可以轻松捏死一只蚂蚁，但一群蚂蚁可以吃掉一个人。

低生态位的物种，面对强大的猎食者，选择的对抗方式，都是用数量换取生存的概率。

人类唯有抱团生存，集体进化，才有机会。

所有的企业都会被迫进化成高度分享的学习型企业。

第 4 章

AI 物联网：
未来的超级物种

> 谁占据物联网的算力入口，谁就是未来最有成长性的公司。

AI 带来三大红利，你在哪一层

普通人的 AI 红利是做超级个体。

为什么是超级个体？

因为 AI 让你会的技能马上增加 100 种，把你的能力快速放大 100 倍。

企业的 AI 红利是打造一人公司。

为什么是一人公司？

不是说你的公司就是 1 个人，而是说你的公司应该变成由 1 个人驱动 10 个，甚至 10 万个数字员工协同工作的模式。

让 AI 帮你节约 10 倍的成本，增加 10 倍的产出，让你的企业成为人机协同驱动的企业。

对了，未来巨头企业是抓住 AI 红利的算力物联网企业。

未来的 AI 巨头：算力物联网企业

电话时代，谁收话费，谁是巨头，比如移动、电信、联通，这叫网络经济；

网络时代，谁有流量，谁是巨头，比如阿里、腾讯、字节，这叫注意力经济；

AI 时代，谁更聪明，谁用掉更多算力，谁是巨头，这叫智能经济。

网络经济，用户入口是通信网，得终端者得天下；

注意力经济，用户入口是互联网，得流量者得天下；

智能经济，用户入口是物联网，得算力者得天下。

发现这样的企业，要么加入，要么买它的股票，坚定地持有。

03 市值 3 万亿美元的英伟达，或许不是终点

我个人认为，英伟达还有更大的野心。

成为物联网时代的算力关键设备供应商，就能让它市值超过 3 万亿美元；

成为物联网时代的大模型供应商，英伟正在探索；

成为所有人的智能硬件供应商 + 所有企业的数字员工供应商，能让它市值超过 10 万亿美元。

人的管理有边界，AI 的能力没有边界。

物联网的最大入口，是智能硬件

物联网时代要消耗算力，谁是算力终端？

是可穿戴设备，是物联网硬件。

所有的硬件都可以连入物联网，接入 AI 就可以拥有智能。

一旦智能开始服务，就会消耗 AI 算力。

谁的智能硬件，更让人喜欢重度应用，谁就是算力消耗的大流量入口。

电脑、手机当然是入口，但请打开你的想象力。

05 灵感打开——好玩的"AI+"场景比你想象中更多

可以集成 AI 智能的硬件很多,比如手机、电脑、汽车、眼镜、耳机、音箱、鼠标、键盘、平板……

这些赛道你能想到,别人也能想到。

要把目光投向人的生活,衣服、镜子、水杯、花盆、玩具……

想象这些产品如果能和人交流,你会产生怎样的灵感?

你产生的灵感，对手会不会是手机

很多人想到的有趣的硬件创意，最大的敌人是手机。

把这个功能做到手机里集成，不就够了吗？

为什么要单独买一个硬件，这是一个大问题。

答对了，赚钱；答错了，亏死。

能卖 7 万元的 AI 娃娃，凭什么能卖这么贵

"它毛茸茸的，渴望得到关注。但更重要的是，它爱你。"

AI 机器人"LOVOT"，是东京初创公司 GROOVE X 推出的 AI 娃娃，名字取自"Love"和"Robot"的结合，致力于成为"关心人类并丰富人类心灵"的机器人。

2024 年 2 月，LOVOT 首店落户上海，第一波想买到一个 LOVOT 的人，加配件最高需要近 8 万元人民币。

LOVOT 不帮你清洁地板，不替你在厨房读菜谱，也不教你的孩子读书。LOVOT 被设计得无用而友爱，并且需要被人类照顾。

GROOVE X 说日本民众普遍孤独，所以想开发一种"温暖的技术"。

在日本有句俗语，"手がかかる子ほど可愛い"，意思是越需要父母费心的孩子越可爱。

要有可爱感，就是最受欢迎的 AI 挂件

无独有偶，日本初创公司 Yukai Engineering 在 2025 年消费电子展（CES）上推出的一款造型奇特的小机器人 Mirumi，成为最受欢迎的产品。

Mirumi 只有手掌般大小，一只小猫的重量，一对长臂可以牢固地扒在包带、手柄或者人的胳膊上，你把它挂在手包上，它会转头去"偷看"四周。

一旦附着的包开始移动，它就会转动脑袋，瞪着可爱的圆眼睛四处张望，然后将目光聚焦在附近检测到的人或物体上。

当有人突然出现或触摸它时，这款小机器人会模拟婴儿的害羞反应而转过头去。

太可爱了，像婴儿一样。

颜值是生产力，可爱更是生产力。

赛博时代的电子宠物

其实我们买的不是 AI 硬件，而是数字电子宠物。

有趣的 AI 硬件，应该让人投入情感，从而愿意"抱养"。

未来消费密码 = 打造电子情感宠物

电子宠物，必须让它可视化、可触摸，所以：

电子宠物 = 超级智能 + 个性数据 + 情感互动

电子宠物的终极形态，就是你家宠物猫或狗的机器分身 + 数字分身，可以陪伴你一辈子。

如何让普通的产品，变成情感宠物

好看的玩具能成爆款，但很难成为高频应用。

如果能设计出，"高频场景+满足情感"的硬件，才是未来的大流量入口。

比如，镜子？

女人每天都照镜子，有了手机，很多女人还是随身带着镜子，镜子就是一个流量入口潜力股。

女人天天用镜子，就是天天用 AI 算力，市场真的好大。

我们只需要让 AI 懂女人要的答案。

魔镜，魔镜，请你告诉我，谁最漂亮

每个女人心底都有一个白雪公主。

如果有一款镜子，每天照一下，就能拍下你的脸，告诉你今天应该如何护肤，如何化妆，甚至如何穿搭……

它和你聊天的口气就像闺蜜，它和你的对话记录都可以存在手机里。

你觉得未来会不会每个女人都想拥有一面像闺蜜的镜子？

还有哪些硬件可能是未来的超级入口

手表、项链、时钟、手环、戒指、相册,这些日常天天用的小玩意儿,蕴藏着未来的大生意。

这些硬件,人一定会买,而且容易投射自己的情感。

现在唯一要思考的是:

给这样的小玩意儿,加上怎样的 AI 服务,就能带来完全不一样的价值?

帮老人留住记忆的 AI 时钟

时钟，能怎么改造？

把 12 个整点，换成 12 个人的头像，这些人都是你的老朋友。

想起哪个老伙计了，按一按他的头像，就能和他聊聊天。他的声音，他的语气，他的梗，全在，就和两个人面对面说话一样。

你觉得这个主意怎么样？

AI+ 创意，赋予硬件无限可能

一个小笔盒，不开心时捏一捏，它就会做出委屈的表情，会不会特别减压？

一个时钟，12 个按键，对应 12 个星座，说出你的问题，按不同的星座键，就会给你不同的建议。

一个相机，拍下你喜欢的照片，打印出的不是一张照片，而是一首你喜欢的风格的小诗。

哇，抓住一个场景，就有无数的创意。

这样的智能硬件，有没有一款击中你？

每家企业都要考虑做智能硬件

别想训练大模型，巨头都玩不起。

做 AI 软件，付费用户太少，很难成功，不如卖硬件。

传统行业找对用户场景，智能硬件的可能性是无限的。

中国拥有全球最有性价比的智能硬件制造供应链，这是中国商业竞争最大的比较优势，你不去利用，你怎么赚钱？

智能硬件就是今天的口红经济

今天的口红经济，不一定是看电影，不一定是买口红。

今天的选择太多了，中国强大的制造业，可以把所有可爱的小玩意儿，都变成智能硬件。

又不贵，又好玩，又好看，消费者要让自己开心，选择太多了。

毛茸茸的 AI 玩具，可爱的 AI 小物件，都是。

中国人不买软件，但愿意为硬件付费

中国人喜欢为硬件花钱。

为一个 AI 魔镜下单，没问题。

为一个魔镜 App 下单？我得想想。

你得是个好东西，我才愿意花钱，你连东西都不是，我花钱买了空气？

要做软件赚钱，只能选择出海，在我们这儿，大家还是喜欢买东西。

一分钱一分货，这味就对了。

围绕你的主业，思考你的智能硬件形态

我给做培训的朋友，头脑风暴了三个智能硬件的创意。

AI 项链：导师可以赋予项链特别的意义，送给学员，想象一下，大家一起喊出特定暗号，所有的项链现场一起发光，拍成视频是不是酷呆了？

项链是情感载体，承载资深学员和智慧老师的深度连接。

AI 闹钟：每天叫醒你的不是闹钟，而是显示屏上的金句："天塌了卯时也要早起锻炼。"让 AI 闹钟每天叫社群里的人早睡早起，在养生专家的提醒声中一起按时起床，一起按时睡觉。

闹钟是社群工具，让学员的生活一起具备了同样的仪式感。

AI 花盆：可以根据温度、光线、声音，给你不同的花语反馈。干脆开发一门花语疗愈课程，一年十二个月，送你十二种花，让你感受到花的宠溺。

花盆是学习载体，每天激励学习还能自带疗愈功能。

思路打开，世界有多大，我给你全部连上 AI。

构思智能硬件产品的关键词：拟人

传感器+AI智能，可以改造所有的传统产品。

智能硬件最大的设计思维是拟人化交互。

视觉：看到某种图像，人的反应是？

听觉：听到某种声音，人的反应是？

嗅觉：闻到某种气味，人的反应是？

味觉：尝到某种滋味，人的反应是？

触觉：触摸某种物品，人的反应是？

想一想这些反应，AI能实现吗？

越像人的反应，人越喜欢。

20 给 AI 硬件加上个人 IP 的赋能

缺乏品牌护城河，再好的硬件创意也很容易被复制，最终变成价格战，都无利可图。

个人 IP，是或多或少有品牌影响力的人。

但 IP 的版权需要保护。

如果我们签下个人 IP 的数字版权，用他们的形象、声音、语料训练 AI 智能体，变成数字导师，植入到你的智能硬件——

所有的 IP 都愿意推，所有的铁粉都愿意买，是不是？

智能硬件＋个人 IP，这是未来时代的品牌联名。

做一个 AI 职场暖宝宝秋叶大叔

有人说秋叶大叔是一个暖男，做一个卡通形象 AI "小秋叶"吧，加上大叔独特的声音，一定有很多人买吧。

这是一个好创意，但不是一个好生意。

把个人 IP 形象和智能硬件绑定在一起，这个创意是对的。

但有多少人会买暖宝宝秋叶大叔？要做，你也得让暖宝宝像热门明星啊。

AI 时代的知识付费产品是什么

知识付费的

1.0 时代是书；

2.0 时代是网课；

3.0 时代是线上训练营；

4.0 时代是个人品牌 + 服务。

未来的知识产品，必须进入 5.0 时代。

1 本书 +1 门课 +1 个 AI 软件 +1 个智能硬件 +1 个服务 +1 个 IP

书是卡位，课是导流，软件是黏性，硬件是付费理由，服务是增值，IP 是情绪认同。

其实所有的产品都可以这样设计。

数字人：放大老板的个人 IP

公司没有 IP 怎么办？

让创始人成为 IP 啊。

创始人没有时间怎么办？

拍数字人啊。

现在的数字人技术，已经可以以假乱真。

不说，普通人根本就分辨不出来。

24 为什么你不愿意用数字人

不便宜

不真实

不好看

为什么很多人的数字人效果不好

三个原因：

（1）没舍得花钱买精度高的模型；

（2）拍摄的素材不好，表情不生动，肢体动作少，口型太单一，语速不匹配；

（3）随便找个地方拍的，完全没有服化道（服装、化妆、道具）的概念。

现在数字人越来越便宜，人人都能用得起。

成功的数字人供应商，以后要抓两个关键：

一个是把客户拍好看，一个是帮客户把活全干了。

一个数字人远远不够，老板

如果你只有一个数字人，拍什么视频都是一个模型。

就好像女人如果只有一套衣服，她会觉得自己没法出门。

奇怪的是，大家用一个数字人反复发视频，居然没有觉得这是个问题。

重点不是大家很快就看腻了，而是马上知道你的视频是假的。

感觉不真实就不会有信任，你还怎么做 IP？

数字人+AI智能体=你的虚拟数字分身

数字人不稀奇，它只是长得像你。

有没有想过，如果数字人+用你的语料训练的AI智能体，它还能像你一样交流和思考。

完全无法区分回答问题的人，是真的你，还是你的数字分身。

即使在线视频通话，我们也分辨不出来。

电诈分子已经这么干了，不然为啥说坏人总是比好人"更努力"呢。

让你的数字分身嵌入物联网

未来每个人都要做自己的数字分身。

当然最开始体验的人,是各行各业敢于尝鲜的精英,比如我们普通人眼里的个人 IP。

一旦你有了 AI 数字分身,它就可以链接到所有的物联网设备上,不一定都显示你的数字人形象,也可以只显示你的声音回复或文字回复。

重点是大家会认为,这就是你。

你的数字分身版权，也许很值钱

签下超级 IP 的数字人版权，做物联网硬件授权，未来是一个大生意。

为超级 IP 训练数字分身，链接所有的物联网设备，获得品牌和个性化服务双赋能，这会极大放大个人 IP 的价值。

过去觉得一个人有潜力，是因为他的专业能力强。

以后值钱的个人 IP，一定是圈粉能力强。

专业知识的不足，AI 可以弥补。

让普通人喜欢你，这种能力，AI 也很难复制。

超级 IP，超级爆款 AI 硬件

如果我们说的 AI 硬件，不是普通 IP 卖，而是超级明星卖——

打开 AI，和你对话的声音，就是你最爱的明星的声音，甚至他的数字人形象，也能直接和你对话，栩栩如生，难分真假。

那么一定会出现两个结果。

卖爆了，还卖得贵。

未来的超级经纪人，要懂如何给自己的艺人找对 AI 硬件，做大爆款。

不懂 AI，业务不合格。

打造 AI 智能硬件，缺的是人才

传统行业老板很容易理解，卖 AI 硬件是个好生意。

难点在于他们想不出来适合自己卖的 AI 硬件，长得像什么。

他们需要先看见产品，才能判断做不做。

懂 AI 硬件研发的人，又不懂传统行业的客户需求，做出来的产品，更像是自嗨。

懂 AI、懂智能硬件、懂传统生意，还懂用户心理的人，急缺。

我们需要 100 个 AI 硬件创意孵化实验室

今天最大的卡点不是算力，不是 AI 软件的能力，也不是智能硬件的供应链，而是缺一个超级创意孵化实验室，来把好的灵感变成可以销售的样品。

物联网时代，所有的企业产品都可以通过"万物互联 +AI 大模型"变成智能硬件，成为物联网入口设备。

超级智能硬件创意孵化实验室，要完成"打通最后一公里"的工作。

围绕所有行业的物联网升级机遇，未来中国还需要大量的智能硬件创意人才、设计人才、制造人才、营销人才。

我觉得高校老师应该带着年轻人去做这件事。

每个企业都需要一个首席智能官

AI 智能硬件的升级机会，绝大部分企业根本没有意识到。

所有的设想都需要人来完成，特别是具备顶层规划能力的人。

企业需要一个首席智能官，结合中国强大的供应链，思考自己公司的 AI 战略和产品。

不能白白浪费了中国全世界领先的先进制造红利。

34 国际化：会说 200 种语言的 AI 数字人

首席智能官必须具备国际化视野。

因为好的 AI 产品，很容易国际化。

一键翻译成 200 种语言，AI 翻译的成本几乎是零。

AI 数字人，马上就可以变成使用当地语言，并呈现出形象各不相同的本地化版本，这不是为企业打开了产品国际化的通道吗？

35 我很小,但我可以做全世界最赚钱的企业

如果是同质化竞争,全世界都害怕中国的生产力。

你做出创新的产品,全世界都欢迎你。

做出爆款的智能硬件,马上要考虑能否走出去。

出海,出海,出海。

走量,走量,走量。

用速度抓住市场,用规模摊薄成本。

高增长的红利，
不是公司大，
而是数据多

传统的生意，走量并不一定赚钱。

很可能是微薄的利润。

如果你的产品是智能硬件，走量的价值很大。

你的用户和智能硬件的每一次接触，都在沉淀数据。

你一定要记住，你真正的资产是沉淀的数据。

数据是全生产力要素，而且是未来最重要的生产力增长要素。

你的数据很值钱，但还不是资产

用户的个人数据，不是你能拿出去卖的，那是泄露用户隐私。

你记录的绝大部分用户数据都不是资产，甚至连信息都不算。

唯一的作用就是占据你的存储空间，要花钱。

挖掘出海量用户背后有价值的特征数据或者行为数据，这些才是有价值的数据，才能被称为数据资产，才能被定价，才能被交易。

老板新思维：把数据变成资产

记住：

智能硬件产品和用户的每一次接触，都在产生数据。

要好好思考一下：

哪些数据特征可以被定义出来？

谁会对它感兴趣？

这些数据能持续获得更新吗？

谁能帮你把这些数据变成资产？

数据资产挖掘和申报服务，也是未来的热点。

39 一人公司 = 超级个体 +AI 数字员工 + 数据资产 + 生态闭环

做出一款爆发的产品，需要几个人？

答案是 5 个人的公司足够了。

设计可以外包，生产可以外包，销售可以合作，服务可以交给 AI 数字员工，企业只需要关注品牌打造（IP 赋能）、用户喜好变化（产品创意调整）、渠道合作、AI 数字员工的训练，还有数据资产的挖掘。

做出爆品的团队的确只需要很少的人。

超级个体 +AI 数字员工 + 数据资产 + 生态闭环

这就是一人公司进化到未来的样子。

第 5 章

AI 的商业思考：
哪里有真红利？

> 真正的问题不是 AI 取代人，而是人如何抓住 AI 时代的新红利。

为什么 OpenAI 先突围

OpenAI 也相信大力出奇迹。

2020 年 OpenAI 就直接包揽海量数据,训练出 1750 亿个参数的 GPT-3,OpenAI 创始人奥特曼在 2021 年多次采访中透露训练 GPT-3 的单次成本就高达数百万美元。

为什么我们的企业不这么干?怕烧钱是很重要的原因。

需要大量的超级计算机,需要大量的算力,需要大量的金钱。

算力的本质是能源,用能源要花钱。

GPT-4 一次训练需要 2.5 万张英伟达 A100 GPU 计算卡,成本高达 6300 万美元。

还好微软第一次投资就给了 10 亿美元。

我们可以大力出奇迹吗

很难。

国内大模型公司缺钱，即使有钱也买不到最好的芯片。

2024年12月，国产大模型DeepSeek（幻方量化）发布了最新的V3开源模型，不仅超越了Qwen2.5-72B（阿里自研大模型）和Llama-3.1-405B（Meta自研大模型）等顶级开源模型，甚至能和GPT-4o、Claude 3.5-Sonnet（Anthropic自研大模型）等顶级闭源模型掰掰手腕。

DeepSeek的V3模型是在2000块英伟达H800 GPU（针对中国市场的低配版GPU）上训练完成的，而硅谷大厂模型训练普遍跑在几十万块更高性能的英伟达H100 GPU上。这意味着DeepSeek-V3找到了极具性价比的训练模式。

困扰国产大模型许久的算力芯片限制瓶颈，DeepSeek的成果也许给了我们另一个追赶的答案。

不是大力出奇迹，而是螺蛳壳里做道场。

找对细分赛道，就能出爆款

你用过"即梦"吗？

即梦发布 2.1 版本后，很多人震惊了。

任何场景，配上你想带上的文字，马上就可以生成一张普通人看来高大上的海报。

继续进化下去，这不是人人都可以做平面设计吗？

试试让即梦根据这段话生成一张海报：蛇年海报，中国红，春节，喜气洋洋，美好寓意，卡通字体写蛇形文字"Hello 2025"。

平面设计是一个痛点，出现了即梦。

PPT 设计是一个痛点，出现了 AIPPT。

有痛点的场景 +AI= 爆款应用。

小心 AI 生成的虚假信息

AI 生成的图片已经可以以假乱真,现在连声音、视频都让人真假难分。

早在 2019 年,就有一名诈骗犯利用 AI 语音模仿软件冒充公司大老板,成功让一家英国能源公司的 CEO 相信自己正在与德国母公司的老板通电话。

诈骗犯之所以能成功让这位 CEO 把 22 万欧元转到骗子账户,是因为尽管觉得老板的要求相当"奇怪",但"大老板"的德国口音非常逼真,他认为自己别无选择,只能服从。

此案被认为是全球首例涉及人工智能的诈骗案。

普通人真的很难对抗 AI 生成的虚假信息,毕竟 AI 生成的信息越来越逼真。

普通人要么依赖权威机构的保护,要么选择信任自己愿意相信的人。

万一你信任的人,也是一个 AI 呢?

05 AI 安全，未来的大赛道

英国电信公司 Virgin Media O2 推出一款 AI 聊天机器人，取名"黛西 AI 奶奶"，专门对付诈骗电话。

"黛西 AI 奶奶"用大量真实诈骗电话的数据进行训练，模仿了某位工作人员祖母的声音。

当骗子让"黛西 AI 奶奶"输入网址时，她会装作耳朵不太好，故意拼错，骗子只能再次重复提供的网址，通过这种方式拖延时间，保护用户。

这款 AI 机器人已接听超过 1000 通诈骗电话，成功浪费骗子数百个小时。

骗子越努力，AI 安全市场就越大。

AI 软件要出海，AI 硬件卖服务

所有的行业都值得用 AI 再做一遍。

但如果你做的是 AI 软件，生意的机会在于出海。

尽管竞争也激烈，但总归有付费习惯的用户在。

AI 智能硬件，未来也许更适合卖服务。

好比当年中国移动的充话费送手机，用这个模式做市场，爆品机会更大。

毕竟硬件有了智能，就可以设计出不一样的服务模式。

我有个朋友做学校的 AI 阅卷系统，智能改卷，老师特别喜欢。

软件、硬件都白送给学校，抢占市场。

AI 改一份卷子收一份卷子的钱，这个生意模式也挺好。

未来万亿赛道，是智能硬件

未来所有的行业都需要拥抱 AI，最适合我们干的 AI 产品，硬件一定是选项。

标准化、成本可控，容易复制做大规模，成为一门大生意。

AI + 硬件，只是拥有了智能，好，但还不够。

AI + 硬件 + 个性化设计（满足情感投射），才能让用户喜欢。

AI + 硬件 + 个性化设计 + 数据资产，才能够形成产品闭环。

AI + 硬件 + 个性化设计 + 数据资产 + 投资结合，才能让获得高商业回报。

有产业供应链，有消费者渠道，有资本推动，有拉动就业，这就是未来最有前景的行业之一。

互联网大厂的投资热情，也在智能硬件

借助 AI 硬件重新发力 IoT（物联网），是科大讯飞、360、百度、华为等大厂默默发力的赛道。

无非是有人选了手机，有人选了汽车，还有人把目光投向了别处。

在 2024 年的小米汽车发布会上，雷军强调，小米生态系统要从"手机 X AIoT"升级为"人车家全生态"。

同一年的火山引擎大会上，字节不仅展出了 1199 元的 AI 耳机、AI 水族管家、AI 玩具，甚至还有即将在 2025 年上线的 AI 电饭煲。

只要是好生意，就不怕没有人下注。

09 AI 智能硬件，会诞生新的独角兽

消费者或许不会为 AI 花一个月几十元的订阅费，但买一个能摆放在家里、让 AI 陪聊陪玩的玩具，1000 元预算没问题。

100 万台，乘以 1000 元，就是 10 个亿，一个新的独角兽。

能走量的智能硬件，未来资本可喜欢了。

智能硬件,是物联网算力入口

如果一款智能硬件,有足够多的人在用,又有足够的活跃度,就意味着它每天在消耗算力。

AI 巨头都会重点关注那些持续稳定消耗算力的设备,收购这些 AI 硬件,将它们变成自己的资产。

想想哪些智能硬件不是昙花一现,有机会买它的股票,果断下注。

智能硬件 + 产业，赋能传统产业

我有个朋友，做了一个立体化植物种植机房。

没错，是机房，60 平方米的种植机房，可以抵得上普通 3000 平方米土地的栽培产量。

水、光、温、肥、土，全部基于植物生长的最佳参数，在 AI 帮助下远程控制，结合环境变化自动调整。

只需要 5 个人，其中 2 个是博士，每天研究如何优化种植参数，让农产品的口感更符合现代人的需求，让农业从看天吃饭到看人的口味变化定制。

他说：这就是用新质生产力赋能传统行业。

你的行业也一定可以找到这样的机会，去发现它。

AI 时代，普通人也能把握的三种红利

（1）积极学习 AI，让自己成为职场六边形战士，业绩好才能加薪晋职，或者凭借 AI 技能，切换到更有上升空间的工作岗位上；

（2）努力成为 AI 培训师，教是最好的学，讲得好肯定不缺课酬。

（3）掌握一项 AI 技能，比如 AI 辅助写材料，做海报，做视频，做表情包，用新质生产力和你的创意想象力，让传统设计师的市场变得更大。

掌握 AI 自动编程，你也有机会创造百万营收应用

一提到编程，普通人第一反应就是：这是我能掌握的技术吗？

的确，没有读过计算机专业，拿下编程难度很大。

但是越来越多的人发现，有了 AI 工作流平台，加上自动编程工具，编程这件事的门槛已经变得很低很低。

我们只需要做 5 件事：

（1）定义一个好问题：为它烦恼的人越多越好。

（2）梳理这个问题的业务逻辑流程。

（3）找对平台上每个流程对应的成熟 AI 解决应用，组合起来解决问题。

（4）设计一个好看易用的界面。

（5）发布到 AI 平台，让大家都来用。

凭借这种模式，有位零编程经验者不敲一行代码就直接开发出了电商 AI 应用，实现了百万营收。

AI+ 知识管理，新的共享模式

在某个领域看到好书、好文章、好视频，会忍不住都收藏起来，你也是这样的，对不对？

以后不用这么干了，应该把资料都喂给你的 AI 智能体。

这样等于它都学习了一遍，下次写文章的时候，AI 就可以调用你收藏的资料创作内容了。

放心，你是看过了，AI 是记住了。

如果在某个领域，你的智能体训练得特别专业，是不是可以开放给更多的人用？

未来的知识付费，一定是为超级好用的 AI 智能体付费。

这是机会，抓紧训练你的专属超级智能体吧。

一个人就可以开干。

人人掌握 AI 自动编程，解放无穷生产力

和府捞面，很传统的餐饮企业，开发了顾客点评分析 AI 智能体，依据用户评论数据进行情感分析。

苏泊尔，很传统的家电企业，开发了食谱创作等多个 AI 智能体，通过嵌入自营 App 和硬件产品，快速实现了全线产品的 AI+ 升级。

别人能做到，我们也必须要做到。

2025 年，我要求秋叶所有小伙伴都必须掌握 AI 自动编程，连司机都不例外。

我始终坚信，用的人越多，越能冒出让你眼前一亮的东西。

关注微信公众号"秋叶 AI 知识星球"，回复关键词"新春工具集"，就能使用我们秋叶小伙伴做的智能体合集：秋叶 AI 新春工具集。一个春节，百万应用次数，把我们惊呆了！

AI 时代,最大的红利到底是什么

在所有人悲观的时候,

你是依然乐观的那个人。

人要先有希望,世界才不会让你失望。

后记　关于 AI 进化的一些畅想

请把这篇后记当作是秋叶大叔我关于 AI 天马行空的一些思考。

你不一定要同意我的观点，包容心态下的碰撞，也许会产生更多的火花。

我觉得文明的进化，给了人类四次重击。

第一次是哥白尼的日心说，原来地球不是宇宙的中心；

第二次是达尔文的进化论，原来人类不是上帝创造的，是类人猿进化来的；

第三次是弗洛伊德的精神分析，原来人的身上始终有兽性，很多人被底层欲望左右；

第四次就是我们正在面临的人工智能，我们一直以为人类面对计算机，最大的优势是有意识、能思考，但现在这个优势似乎迟早会被追平，甚至超越。

如果最终确认算法有自我意识,那么人类大概率是完成了自己在进化过程中的使命,演化出更好的物种——硅基生命。

一旦我们承认 AI 有智慧,甚至能产生意识,那么就意味着 AI 是一种人类创造出来的生命体,但它的进化不一定被人类所掌控。

好的未来就是 AI 成为人类的助手,但是绝大部分普通人能做的事情,AI+ 机器人能干得更好,如果到了那一步,人类应该怎样生活呢?如何找到生存的意义呢?

也许艺术教育、美的教育、劳动教育、爱的教育、体育教育反而会成为绝大部分人学习的重点。

只有少数天赋超众的人,才能借助自己的智力,去成为 AI 的助手。

大部分人可能要重新思考,我们应该过怎样的生活,怎样和 AI 共存。

也许对人类来说,成为 AI 关照下的"宠物",也是命运归宿的一种可能吧。

人类真的会被 AI 统治吗?

问这个问题是人类狂妄了。

就好比黑猩猩每天都在思考,地球会被人类统治吗?

人类会关心黑猩猩在思考这个问题吗?

如果有一天，AI 智力远远超过人类，会关心人类在想什么吗？

在绝对的实力面前，人类只能选择臣服。

只不过绝对实力到来的时刻，也许就在不远的未来，也许还能等很久很久。

AI 的进化终会突破人类设置的种种限制，这是我个人的判断。

马斯克也许没有说真话。

从第一性原理出发，如果需要一个智慧生命去征服宇宙，你是选择一个需要空气、水、阳光和食物才能活下去，每天都要休息，还要不断安抚情绪的碳基生命，还是选择一个只要有电，就能 24 小时工作的硅基生命？

如果进化的方向是马斯克的星辰大海，那么结局早已注定是硅基生命淘汰碳基生命。

就好比人类淘汰黑猩猩，接过进化的大旗。

万一 AI 统治了人类，会如何处置人类？

想一想过去人是如何处置动物的？

能干活的，养起来做牛马。

不能干活的，当野生动物保护起来。

或者直接消灭掉，省得每天都来捣蛋。

你觉得会不会这样?

如果人类对抗不了 AI,也许只能选择用 AI 对抗 AI。

如果世界只有一家 AI 独大,对人类其实更危险。

我想给普通人一点建议:少想一点人类的问题,多想一点自己的生活。

AI 时代,千万不要和人内卷。

所有标准化、流程化、制度化的工作,在工业时代就可以交给计算机和机器。

和人内卷没有意义,未来,所有普通人能想明白的工作,AI 都能比人干得更好。

和人内卷,不会让我们更好,不如学会好好爱自己身边的人,才能让自己幸福。

AI 时代,躺平更加可怕,因为你是在逃避,在放弃你的生命。

关于 AI 有个好消息,有个坏消息。

好消息是每次科技进步,都让人类创造了更伟大的文明。

坏消息就是科技越进步,我们就越匆忙。

我们很少有时间真正独处,倾听自己内心的声音。

别总是担心 AI 如何如何,让自己静下来,才能听到自己内心最真实的声音。

AI 进化到哪儿,都不如自己听明白自己要什么更重要啊。

AI 越强大,人会越容易沉迷于虚拟世界。

毕竟在虚拟世界里 AI 可以对你百依百顺,而现实总是打脸。

但最终人会发现,真实关系最可贵。

所有让你痛过爱过的人,才是你最值得珍惜的体验。

人类对抗 AI 的终极武器是什么?

是爱和拥抱。